L. B. COCLERS & SON OEUVRE

Ouvrage tiré seulement à cent exemplaires, dont quatre-vingts ont été destinés au commerce. Ces quatre-vingts sont numérotés.

N°. 56

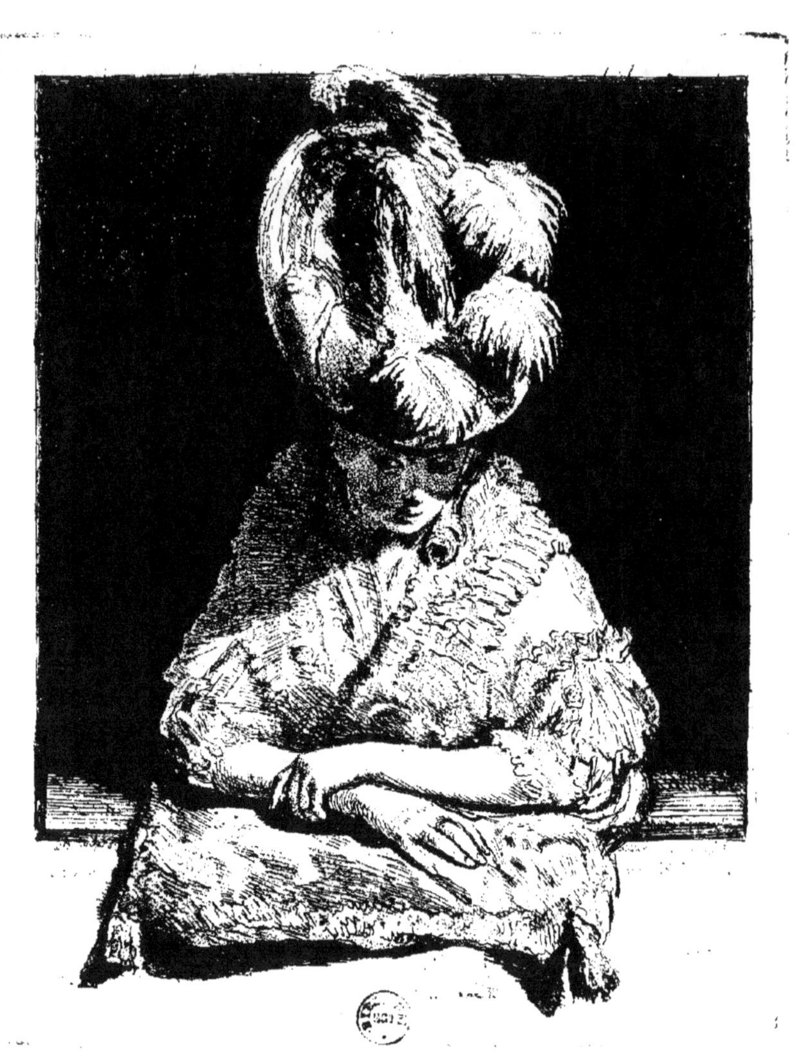

LOUIS BERNARD COCLERS

ET

SON OEUVRE

PAR

W. HORA SICCAMA

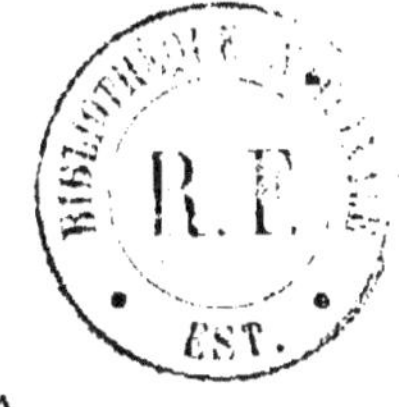

Conservateur au Cabinet d'estampes, Musée de l'Etat, à Amsterdam

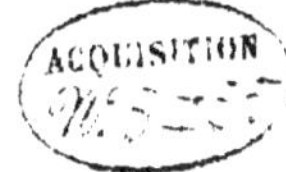

AMSTERDAM

FREDERIK MULLER & Cie

1895

Typ. M. J. P. VAN SANTEN, Amsterdam.

En publiant cet ouvrage nous nous empressons d'adresser nos témoignages de sensible reconnaissance à M. J. PHILIPPE VAN DER KELLEN, Directeur du Cabinet d'estampes au Musée de l'Etat à Amsterdam; à M. D. FRANKEN DZN., au Vésinet, Seine et Oise; au Docteur MAX LEHRS, Directeur-Adjoint du Cabinet Royal d'estampes à Dresde; à M. A. J. FLAMENT, Archiviste de l'Etat à Maastricht; et à M. E. PONCELET, employé aux Archives de l'Etat à Liége, dont le bienveillant concours nous a été d'une grande utilité quant à nos recherches.

INTRODUCTION.

Parmi les artistes qui ont travaillé dans les Pays-Bas vers la fin du siècle dernier et au commencement du nôtre, une place des plus honorables comme peintre et aqua-fortiste est occupée par le Liégeois Louis Bernard Coclers. C'est, grâce aux soins du savant Directeur du Cabinet d'estampes à Amsterdam, M. J. Ph. van der Kellen, que la plus grande partie de l'œuvre de cet artiste et de celui de sa soeur Marie Lambertine se trouvent au dit Cabinet. Nous en donnons la description dans cet opus-cule. Quant aux estampes ne se trouvant pas au Cabinet d'Amsterdam, nous les avons trouvées à Paris, dans la Bibliothèque Nationale; à Londres, au British Museum, et pour celles se trouvant à Dresde, nous avons pu con-sulter les notes de M. van der Kellen relatives à la col-lection Frédéric Auguste II.

Nous avons cru bien faire en donnant une courte notice au sujet de Louis Bernard, de Marie Lambertine

et de quelques autres membres de la famille, notice suivie
d'une liste des tableaux peints par L. B. Coclers, qui
cependant est loin d'être complète, le but de mon travail
étant surtout de décrire ses gravures à l'eau-forte; là
encore, nous craignons qu'il n'y manque quelque chose.
Nous croyons cependant pouvoir nous arrêter là en
priant nos lecteurs de se rappeler que De Lamartine
a dit un jour que »l'exactitude minutieuse est le commencement de la stupidité.''

NOTICE BIOGRAPHIQUE.

Louis Bernard Coclers, né à Liége en 1740, du mariage
de Jean Baptiste [1] et de Marie Josèphe Bertrand, conclu
à Liége, le 10 Juin 1737, appartenait à une famille d'artistes; son grand-père Philippe, né à Maastricht, était
peintre de portraits et d'histoire, qui se rendit en Italie et
plus tard devint peintre de la cour à Liége, où il épousa
Marie Madeleine Loos. Le fils Jean Baptiste Pierre,
baptisé à Maastricht le 24 Octobre 1696, était disciple
de son père. Lui aussi se rendit en Italie, où il étudia
pendant seize ans sous la direction de S. Conca et de M.
Benefal; il travailla aussi avec J. G. Servandoni. Il épousa
une Romaine qui, pendant le voyage de retour à Liége en
1732, mourut à Marseille avec tous ses enfants.

En 1744 Jean Baptiste devint peintre de la cour et
peignait des portraits, des tableaux d'église et des plafonds.
Il mourut à Liége le 23 Mai 1772.

Sa mère, comme veuve de Philippe, ayant, assistée de son

---

[1] v. Eynden et v. d. Willigen, Vaderlandsche schilderkunst II 290 et
Jules Helbig, Histoire de la peinture au pays de Liège XX.

fils, adressé une requête au conseil, le 24 Décembre 1736, le plafond de la salle du conseil à l'Hôtel de Ville de Maastricht fut peint par lui. Jean Baptiste y a placé son portrait avec l'inscription »Johannis Baptista Coclers Mosae Trajectinus Romanae Acadaemiae pictor invenit et fecit Anno 1737"[1]) Pour la peinture de ce plafond, il reçut la somme de 1600 florins de Brabant argent léger et l'assurance que son frère, idiot, serait soigné comme enfant de citoyen[2]) sa vie durant par les frères Cellites.[3])

Helbig mentionne un grand nombre de ses tableaux et donne les noms de ses principaux élèves.

Louis Bernard apprit de son père les éléments de l'art; en 1759 il se rendit à Rome où, pendant trois ans, il demeura avec son frère aîné Philippe Henri Coclers van Wyck, né à Liége 1738. De retour à Liége il épousa Anna Maria Damare. Il demeura pendant quelque temps dans cette ville pour se rendre plus tard dans les Pays-Bas, où il s'établit à Leyde. Il peignait des portraits, des intérieurs et des paysages; il était en outre brocanteur, restaurateur de tableaux, et comme habile aqua-fortiste il grava quantité de tableaux de lui-même et d'autres maîtres. Le 5 Avril 1784 il reçut un diplôme le nommant peintre de la cour du Prince Evêque de Liége. Comme aqua-fortiste et graveur, il fut le disciple de G. Wille et de G. Demarteau et dit avoir inventé la gravure au sable avec laquelle il prétend égaler les gravures au crayon de Demarteau (voyez No. 26 des estampes décrites) et d'après ce qu'on lit dans l'ouvrage du biographe de Demarteau[4]) il semble dire la vérité.

---

[1] et [3]) Arrêt du Conseil du 11 Février 1737.

[2]) „Borgerskind" c. à. d.: pupille sous la tutelle des magistrats.

[4]) „Coclers chez Demarteau avait un atelier qui lui laissait la liberté de la

Toutefois A. de Lostalot, dans son oeuvre »*Les procédés de la gravure*", dit que le procédé est une invention anglaise (p. 87), et J. M. Herman Hammann nous apprend que l'Allemand Jean Henri Tischbein, le cadet, en est l'inventeur (»Des arts graphiques", par J. M. H. Hammann p. 230). Le Hollandais Arend Fokke, dans son ouvrage »le graveur" (p. 350), nous fait connaître le procédé où le sable est remplacé par la limaille de laiton. Fokke semble ignorer l'usage du sable. De Lostalot et Hammann, surtout le dernier, donnent la description du procédé [1]).

Louis Bernard est resté à Leyde jusqu'en 1787. En même temps que lui, d'autres membres de la famille Coclers demeurèrent dans cette ville, comme on peut le voir dans les régistres de l'Hôtel de Ville. A la date du 6 Juin 1778, précédé de la publication des bans le 22 Mai, on y trouve le mariage de Joannes Baptiste Bernardus Coclers — (baptisé à Liége le 5 Mai 1741, frère de Louis Bernard) — et d'Anna Damare de Liége, probablement la

---

„manière et de l'invention. Il s'occupa bientôt de la gravure au sable . . . . . „plus tard on a remplacé le sable par la résine. — Coclers comme Demar-„teau resta fidèle au sable et s'occupa longtemps de nouveaux procédés. (G. Demarteau, graveur du Roi 1722—1776 [par le Baron Wittert]. Bruxelles, G. van Trigt, 1883, p. 78 et 81).

[1]) »La manière dite sablée consiste à vernir la planche comme d'habi-»tude et de la flamber; on la saupoudre alors de sable très-fin, que l'on »fait adhérer au vernis en chauffant légèrement, et l'on enlève tout le su-»perflu; puis on place sur la planche le dessin même qu'on veut reproduire, »après l'avoir enduit de sanguine par dessous, et on repasse tous les traits »et toutes les hâchures avec des pointes variées de grosseur, mais obtuses, »et appuyant plus ou moins fortement pour faire pénétrer le sable jusqu'au »cuivre. Après avoir terminé le décalque complet de toutes les parties du »dessin on fait mordre la planche" — p. 230.

sœur de la femme de Louis Bernard. Dans un régistre
de paroisse, on voit que dans le quartier Kouwenhoek,
près de l'Oude Vest, demeurait le sieur Bernard Coclers
10 Mai 1775—1 Mai 1785. Dans l'»Album Studiosorum
de l'Académie de Leyde", publié par le Dr. Du Rieu [1]),
on trouve: 1779 $^{20}/_{11}$ et 1783 $^{18}/_{8}$ Guil. Coclers Leodiensis
Pictor 17. — et 1787 $^{7}/_{3}$ Bernardus Coclers Cranenburgo-
Gelrus Pictor 16 chez son père au Hooge-Woerd. Ce
Bernard est fils de Louis Bernard, né à Leyde le 4 Juin
1770. Le 10 Août 1802, il épousa à Liége Marie Josèphe Henriette Ecke. Il était brocanteur et graveur
à Amsterdam, disciple de son père et de G. Wille [2]).
Dans le catalogue de la vente van Buren, le 7 Juillet
1808 à la Haye, p. 237, N⁰. 19 et 20, on trouve mentionnées deux estampes de Claessens d'après les tableaux
de Louis Bernard; on dit qu'elles représentent probablement Aletta Coclers, fille du peintre.

En 1787, Louis Bernard quitta Leyde. Van Eynden
et van der Willigen disent qu'il désira éviter les troubles
politiques, qui alors envahirent les Pays-Bas; mais dans
l'avant-propos de son catalogue de la vente Coclers
Lebrun nous apprend que Louis Bernard »ayant embrassé
»le parti des patriotes s'exposa, lui et sa famille, aux
»plus grands dangers et au regret de voir piller sa
»maison." Quoi qu'il en soit il partit pour Paris avec les
siens et y resta deux ans; il y fit vendre ses tableaux par

---

[1]) dans: Archives de l'histoire de l'art neêrlandais, recueillies par F. D.
O. Obreen.

[2]) Mémoires et journal de J. G. Wille, publiés par Georges Duplessis.
Tome II.

Lebrun, qui en dressa le catalogue [1]). Mais déjà en 1789 il est de retour dans les Pays-Bas et va se fixer à Amsterdam, »Colveniers-Burgwal N⁰. 10" [2]) et plus tard, en 1810, »Singel bij de Jan Roompoortstoren." Le commerce de tableaux lui était avantageux et il ne peignait ni ne gravait plus que quand cela lui plaisait. Il était connu et estimé des artistes et des amateurs de son temps. Van Eynden et van der Willigen parlent de lui avec beaucoup d'estime. Vu sa santé et son grand âge, il résolut en 1815 de retourner à Liége sa ville natale. L'année suivante il exposa encore un tableau à Amsterdam et y fit vendre ses collections de tableaux, dessins et estampes. En Avril 1817, il succomba à la gravelle, maladie dont il souffrait depuis longtemps.

Marie Lambertine Coclers, soeur de Louis Bernard, est née à Liége le 5 Mai 1761. Nagler dit à tort (Mon. IV 988) qu'elle y est décédée en 1817, son nom ne se trouvant point dans les régistres mortuaires de cette ville. Marie Lambertine suivit son frère aux Pays-Bas et demeura avec lui à Amsterdam; elle l'aida dans ses travaux comme restaurateur de tableaux; elle peignait et gravait à l'eau-forte. Leurs oeuvres sont mentionnées dans le catalogue de la vente van Buren. L'oeuvre de Louis Bernard y »comprend 165 pièces, portraits, ébauches, études, esquisses, estampes crayonnées, planches non achevées". »L'oeuvre de Marie Lambertine, très-rare, jamais mis en

[1]) Catalogue vente Coclers par Lebrun, Garde des tableaux de Mr. le Comte d'Artois et de Mr. le Duc d'Orléans. La vente s'en fera le 9 Février 1789. . . . . . .

[2]) Mémoires et Journal de J. G. Wille, publiés par G. Duplessis.

vente", se compose de 13 pièces. Van Eynden et van der Willigen disent (II p. 299) que l'oeuvre de Louis Bernard se composait de quatre-vingts, et celui de Marie Lambertine de vingt-cinq pièces.

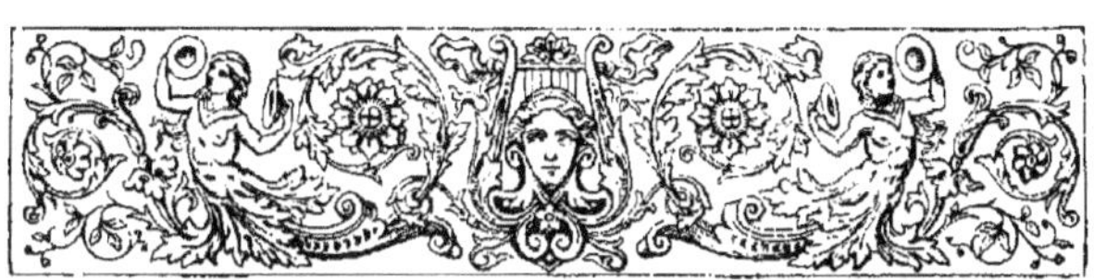

TABLEAUX PEINTS PAR L. B. COCLERS.

1. Portrait de J. H. van Suchtelen [1]) à Nimègue 1768 ou 69.
2. Portrait de J. de Kruyff [2]) à Leyde 1775.
3. Portrait de Joris Ponce [3]) à Dordrecht 1783.
4. La marchande de volaille. N°. 95 vente Twent, Leyde, le 11 Août 1789.

5. Intérieur où l'on voit une famille prête à se mettre à table (156).
6. L'ouverture d'une croisée, sur l'appui de laquelle on voit une jeune fille écurant un pot au lait; sur la gauche, on remarque un homme en buste tenant un flacon (157).
7. L'ouverture d'une croisée, sur l'appui de laquelle on voit une corbeille de jonc remplie de pêches et d'un faisan; une jeune fille lève une feuille de vigne qui couvre les pêches (158).
8. Une jeune fille assise dans l'intérieur d'un comptoir hollandais, la tête coiffée d'un grand chapeau de

---

[1], [2] et [3]) v. Eynden et v. d. Willigen II.

paille noire. Elle est vêtue d'un déshabillé blanc et
d'une jupe jaune (159).

9. L'intérieur d'une chambre, où l'on voit un homme
et une femme assis près d'une cheminée, la femme
tient un verre et l'homme une pipe (160).

On lit encore dans Le Brun le »Nota" suivant:

»Il paraît, par ces cinq Tableaux, que M. Coclers
»s'est plu à former son talent sur les ouvrages de
»Gerard Dow, de Metsu et de Scalken, les effets de
»lumière y sont aussi bien rendus que dans les
»Tableaux de ces Peintres, on y remarque des détails
»aussi précieux par l'exécution et l'on ne peut dou-
»ter, d'après ses productions que si cet artiste eût
»été encouragé par des amateurs éclairés il n'eût
»fait le plus grand honneur à l'école moderne et ne
»se fût placé à côté de ces maîtres qui semblent
»avoir dans leur genre porté l'art de la peinture au
»dernier degré de perfection.

10. De retour à Amsterdam, Louis Bernard peint, de grandeur naturelle, le portrait de l'amateur des beaux-arts
Mr. J. Goll van Frankenstein [1].

EXPOSITIONS D'ART à AMSTERDAM.

1810.

L. B. Coclers, Singel bij de Jan Roompoortstoren.

11. Une paysanne buvant, avec un enfant (7).
12. Portrait d'une jeune fille dessinant (31).
13. Une chambre d'accouchée (33).

[1] v. Eynden et v. d. Willigen II 296.

1813.

14. Une dame assise lisant et une jeune fille agenouillée (27).
15. Une servante chez une maraichère (38).

1814.

16. Une femme écurant un chaudron. — Voyez plus
loin le N⁰. 23.

1816.

17. Ebauche d'un **portrait** d'homme (33).

Catalogue vente Coclers 5 Juin 1816.

18. Jeune fille rendue à la tendresse de sa mère qui la
croyait déjà ensevelie sous les décombres de la
maison.
19. La cascade de Coo, à Spa.
20. Une dame assise avec une jeune fille agenouillée et
lisant.
21. Intérieur où une jeune fille verse un verre de bière
à un jeune homme asssis.
22. Sur le devant d'une fenêtre ouverte, on voit une
marchande de légumes qui rend la monnaie à une
gentille suivante qui pose la main sur son panier de
cuivre (seau à poisson.)
23. Devant une fenêtre, en forme de niche, se présente
une jeune servante occupée à écurer une casserolle
de cuivre étamée. — Voyez le No. 16.
24. Sujet à l'effet de lumière d'une chandelle représentant une dame occupée à ravauder des bas, sa petite

fille s'amuse à souffler vers la chandelle à travers un cornet de papier.

25. Intérieur. Une femme assise, son enfant dans les bras; elle paraît ravie du retour d'un jeune matelot; à la porte ouverte est un homme qui se gratte l'oreille.

26. Intérieur d'un appartement garni d'une alcôve, à gauche se distingue une dame assise à une table couverte d'un tapis, elle semble dicter une lettre à un jeune enfant debout à côté d'elle. Une demoiselle s'avance, apportant une corbeille remplie de gaufres.

27. Point de vue près d'Amsterdam.

28. Paysage boisé.

29. Coup de foudre.

30. Portrait d'un auteur esquiscé (sic).

31. Portrait du Capitaine Tulleken [1]).

Outre les deux portraits d'Aletta Coelers gravés par Claessens, le tableau dont la gravure par Jonxis fut exposée à l'exposition d'Amsterdam 1810; un portrait de van Suchtelen, en possession de ses descendants, et qui est un autre que celui gravé par van den Eynden et Muller. Ensuite »la lettre", No. 13— et le portrait de Colizzi, No. 29 des estampes décrites. Au Musée de l'Etat à Amsterdam: les portraits de Mr. et Mme. Bicker, peints en 1766, No. 233 et 34 du Catalogue. En somme 39 tableaux.

A la vente du 8 Juin 1816 déjà mentionnée on voyait

[1]) Probablement Jan van Hoogenhouck Tulleken, Capitaine de vaisseau, plus tard vice-amiral. 1762—1851.

de Marie Lambertine Coclers un tableau représentant:
»Une habitation Hollandaise bâtie au bord d'un canal,
»au bord de l'eau se trouvent deux villageoises, devant
»la maison un paysan et quatre petits enfants, à la porte
»on aperçoit une femme."

DESCRIPTION DES ESTAMPES GRAVÉES D'APRÈS L. B. COCLERS PAR DIFFÉRENTS GRAVEURS.

P.   =   Planche, c. à d. l'empreinte du cuivre ou de
          la planche.

T.C. =   Trait carré.

M.   =   Marge, c. à. d. la distance entre le trait carré
          et l'empreinte de la planche en bas de
          l'estampe.

Les chiffres Romains indiquent l'état décrit.

Les dimensions sont exprimées en millimètres.

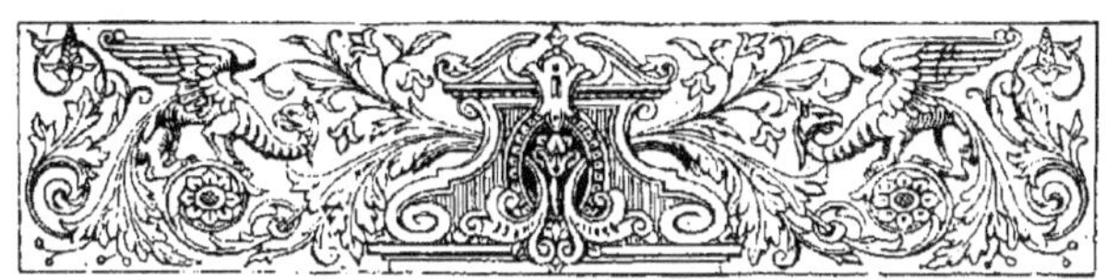

L. A. CLAESSENS.

Une dame s'appuyant sur une porte inférieure, regarde dehors.

A gauche: *L. B. Coclers Pinx.*

A droite: *L. A. Claessens Sculps.*

Inscription: *aspettare e. & prbi di Veneroni* [1] *bij L. B. Coclers: Colveniers Burgwal in Nᵒ. 10 à Amsterdam.* — — Gravure au pointillé, T. C. 297—241.

Il y a des états avant l'inscription gravée, mais on lit, tracé à la pointe: *L. B. Coclers Pinx. — L. A. Claessens Sculp. aspettare &*

---

[1] Aspettare e non venire
  Stare a letto e non dormire
  Servire e non gradire
  Son tre cose da morire.

Proverbi di Veneroni.

  attendre en vain
  être au lit sans dormir
  tâcher en vain de plaire
  sont trois causes de mourir.

Proverbes de Veneroni.

Un cavalier enveloppé de son manteau quitte une demoiselle qui se trouve à l'entrée d'une maison, derrière la porte inférieure. Effet de lumière.

A gauche: *L. B. Coclers Pinx.*

A droite: *A. L. Claessens Sculps.*

Inscription: *Amante inconstante.*

gli Amanti inconstanti fanno Come lo spechio,

che riccvetutte le imagini, e non ne ritiene alcuna. [1]

à Amsterdam chez L. B. Coclers Pintre (sic) *Md de Tableaux Estampes et Dessins Colveniers Burgwal No. 10.*

Il en existe des états avant toutes lettres.

Gravure au pointillé. T. C. 297—244.

On lit dans le catalogue de la vente van Buren 7 Novembre 1808, que la demoiselle représentée sur les deux estampes est Aletta Coclers, et le cavalier Pierre Janson [2] »qui a l'air de se séparer d'elle à regret."

B. MULLER.

Portrait de J. H. van Suchtelen.

De profil à droite, en médaillon, en dessous une tablette [3].

Gravé en manière noire. P. 205—151.

---

[1] L'amant inconstant fait comme le miroir, qui reçoit tout, mais ne retient rien.

[2] Pierre Janson officier de cavalerie et peintre-artiste, épousa Mlle Goëderson.

[3] R. van Eynden a fait le dessin d'àprès le tableau et en fit aussi une gravure au pointillé, de profil, à gauche.

R. VINKELES.

PORTRAIT DE J. DE KRUYFF.

Buste des trois-quarts à droite, dans un ovale équarri, en dessous une tablette, où on lit les dates de sa naissance et de sa mort et un couplet de six lignes de P. Vreede.

A. gauche: *L. B. Coclers pinx.*

A droite: *R. Vinkeles fecit.*

Yntema et Tiboel exc.

Gravure au burin.   T. C. 149—100.

P. L. JONXIS.

Un intérieur où l'on voit des paysans et des paysannes.

Gravure au burin. N°. 186 de l'exposition de l'année 1810, à Amsterdam.

L'OEUVRE GRAVÉ
DE LOUIS BERNARD COCLERS.

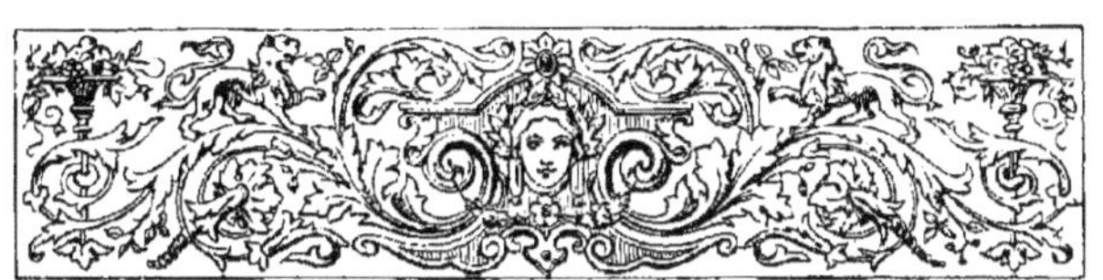

PORTRAITS DE LA FAMILLE COCLERS

ET DES PERSONNES QU'ON SUPPOSE Y APPARTENIR.

1.

PORTRAIT DE JEAN BAPTISTE COCLERS.

A mi-corps, de face, la figure des trois-quarts à droite, assis à une table et dessinant.

P. 159—125.

Gravure au sable.

2.

PORTRAIT DE JEAN BAPTISTE COCLERS.

Comme décrit au No. 1, mais rien que la tête.

P. 86—59.

Gravure au sable.

3.

PORTRAIT DE MADAME COCLERS?

I. Dans un ovale équarri. Buste de face; la tête, des trois quarts à droite, est coiffée d'un bonnet; elle porte un fichu. Le plan entre le trait carré et l'ovale est couvert de lignes horizontales.

P. 160—129. T. C. 155—125. Ovale 117—90. Marge 17.

II. La figure a été presque entièrement grattée, les
parties ombrées en sont devenues plus fines. Toute
l'estampe a été travaillée à la pointe sèche. Le fond
et le plan entre le trait carré et l'ovale sont ombrés
à la pierre ponce.

III. La figure et les plis du fichu sont couverts de lignes
à la pointe sèche. Le cou est ombré de la même
manière.

4.

PORTRAITS DE L. B. COCLERS ET DE SA FAMILLE.

I. Louis Bernard, de profil à droite, avec une perruque
à bourse et un chapeau à larges bords.
P. 160—130.

II. Augmentée des portraits de son fils et de sa nièce:
le fils en haut, à gauche, de profil à droite; — la nièce
en bas du même côté, des trois-quarts à droite, les
mains jointes sur les genoux.

III. Augmentée des portraits de sa nièce, une seconde
fois au coin droit en haut, et de sa soeur au-dessous
du sien, de face un peu à gauche; elle est coiffée
d'une dormeuse garnie de dentelles. En haut, à
droite: *L. B. Coclers ad vivum 1780 Lugduni.*

IV. Le portrait de la nièce, au coin droit en haut est
gratté et remplacé par une réduction d'après »la
»marchande de volailles"[1] avec la souscription:
L. B. Coclers ad vivum 1780 Leydensis.

---

[1] No. 36 des estampes décrites.

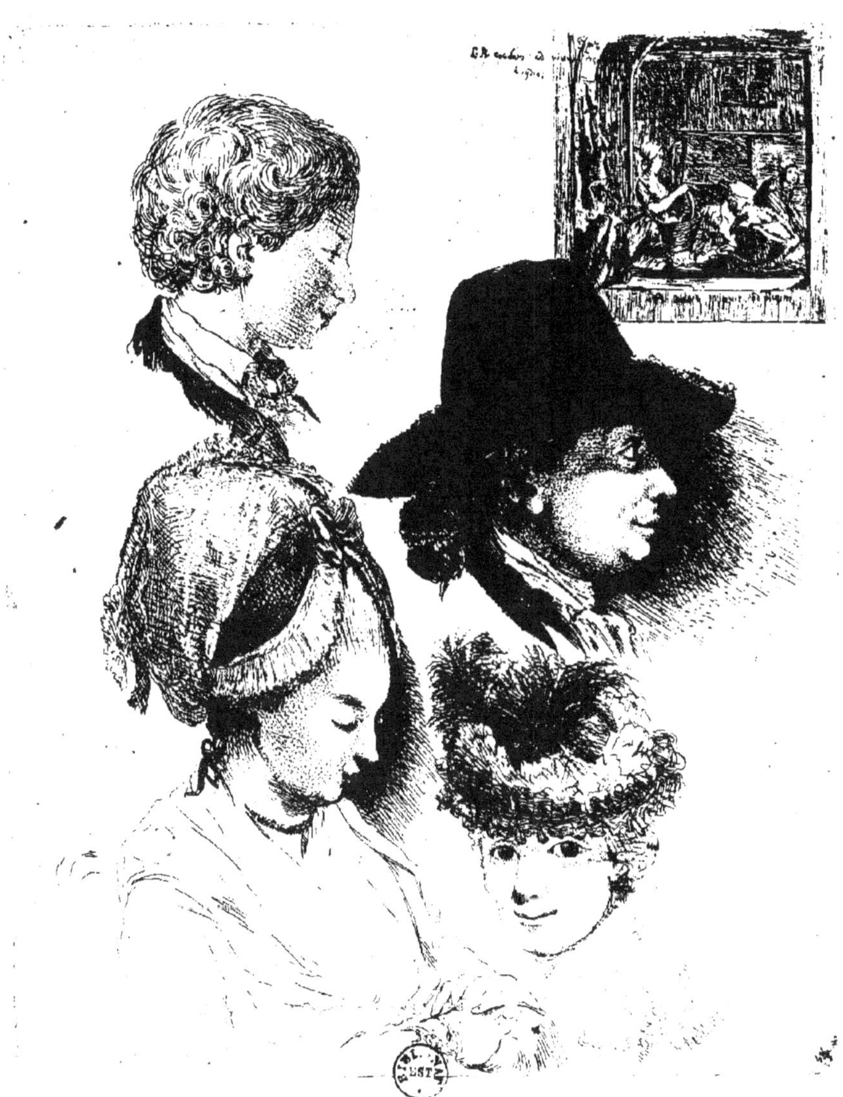

V. La dormeuse a été grattée.

A Londres, il y a un exemplaire de cet état, où l'esquisse ou le projet du chapeau qui doit remplacer la dormeuse, est dessinée à la plume.

Au-dessus du chapeau de Coclers est écrit au crayon »Mr. Daudet", ce nom est rayé et au-dessous on lit »Coclers". A côté de la jeune femme, dans le coin gauche: »Mlle sa nièce".

> VI. Au lieu de la dormeuse, la soeur porte un chapeau orné de dentelles et de plumes.

> VII. Les portraits de la soeur et de la fille ont été grattés.

> VIII. Les portraits grattés sont remplacés par une tête d'homme, des trois quarts à gauche et coiffée d'une perruque, peut-être le portrait de Jean Baptiste, frère de Louis Bernard.

5.

PORTRAIT DE MARIE LAMBERTINE COCLERS.

A mi-corps, de profil à droite, assise à une table et gravant à l'eau-forte. La figure est de face, la tête coiffée d'un bonnet. Dans la main gauche elle tient la pointe; à droite, on voit un chassis.

P. 172—158. T. C. 132—132. Marge 26.

6.

PORTRAIT D'UNE DAME.

A mi-corps, de profil à droite, avec des travaux à

l'aqua-tinte. En haut, dans le coin gauche, deux têtes de femmes.

P. 159—124.

Gravure au sable.

7.

PORTRAIT DE LA MÊME PERSONNE.

Rien que la tête, de profil à droite.

P. 57—51.

8.

PORTRAIT DE LA MÊME PERSONNE.

I. De profil à droite, assise à une table sur laquelle repose son bras droit, elle porte à sa bouche l'index de la main gauche.

P. 139—110.

Eau-forte et aqua-tinte.

II. Gravé de nouveau avec des travaux à la pointe sèche. Le fond, à droite, la mantille et le bonnet sont couverts d'un travail à l'aqua-tinte.

9.

PORTRAIT DE LA MÊME PERSONNE.

I. A mi-corps, de profil à gauche, elle est assise, les bras croisés, et porte un chapeau de paille, une mantille et un grand noeud sur la poitrine. A gauche, à côté des mains: *L. B. Coclers ft.*

P. 169—134.

Gravure au sable.

II. Avec des travaux à l'aqua-tinte. Les cheveux sur la nuque et le derrière de la tête sont travaillés à la pointe sèche, ainsi que le manteau en bas, à droite. Le profil de la figure et le volant de dentelles de la mantille sont indiqués plus distinctement sous le menton par des lignes à la pointe sèche.

III. La bouche, l'ombre à côté du nez et sur la joue, ainsi que le noeud sur la poitrine sont travaillés à la pointe sèche.

IV. L'ombre obtenue par l'aqua-tinte a été grattée, ainsi que les lignes à la pointe sèche dans le profil de la figure et le volant de dentelles. Le profil est entièrement changé, la bouche est close et le menton arrondi.

10.

PORTRAIT D'UNE DAME.

I. Buste de face, les bras croisés sur un coussin qui se trouve dans l'embrasure d'une fenêtre. Elle est coiffée d'un grand chapeau orné de plumes et porte une pélerine plissée qui laisse voir un fichu. Le coin gauche, en haut, est drapé d'un rideau. Le fond comme le chapeau et la figure sont travaillés à la roulette. A gauche, sous l'appui de la croisée: *L. B. Coclers ad vivum.*
Voir la reproduction en regard du titre.
P. 157—127.

II. Le fond, les parties ombrées du chapeau, sous les bras et du coussin sont très noires par la forte morsure de la planche. La pélerine, sur l'épaule droite, ainsi que l'ombre sur le bras gauche et une bouclette de dentelle de la pélerine sur le même bras ont été grattées.

III. Les plis de la pélerine grattés dans l'état précédent, sont de nouveau introduits à la pointe sèche et accentués au lavis à la plume.

IV. Le fond est couvert de lignes s'entrecroisant. La fenêtre, avec l'appui de la croisée où s'appuie la dame est enfermée dans un gros trait carré. Le bras gauche est ombré au pointillé et l'appui de la croisée est couvert de lignes horizontales.

11.

LA JEUNE MÈRE.

Une jeune femme des trois quarts à gauche; elle porte un bonnet et un manteau rejeté sur l'épaule gauche. Sur le sein droit découvert, elle appuie, de la main gauche, une tétine dont elle tient de la main droite le tuyau dans sa bouche.

Coupée. T. C. 178—150.

Gravure au sable.

Il en existe des exemplaires imprimés en rouge.

12.

LA MASCARADE.

I. Un monsieur et une dame se trouvent devant une toilette placée à droite. Lui, des trois-quarts à droite;

elle, des trois quarts à gauche. Elle est coiffée »en pouf" et tourne la tête vers le miroir. Il a mis sa capeline et son manteau, et embrasse la dame du bras droit. Elle porte son manteau de fourrure et cache ses mains dans les manches.

En dessous. à gauche: *Coclers ft 1779.*
P. 164—131. T. C. 127—124. Marge 31.
Eau-forte pure.

II. Le fond est ombré, excepté au centre, à gauche. La figure du monsieur est ombrée et il porte des moustaches. La capeline, le manteau et le manteau de fourrure sont très fortement ombrés. La coiffure de la dame est plus achevée, surtout les plumes.

13.

LA LETTRE.

I. Une jeune dame, assise de face, costume époque Louis XVI, coiffée »en pouf", lit une lettre qu'elle tient des deux mains et où l'on voit écrit à rebours »à Leyde". Elle appuie un coude sur une table à gauche, couverte d'un tapis, sur laquelle se trouve une mandoline sur quelques feuilles de musique, dont une pend le long de la table. Derrière elle, à gauche, une servante tenant un écrin ouvert. Deux portraits sont accrochés à la muraille. A droite, un escalier de trois marches conduit à un corridor, avec une porte au fond où se trouvent deux femmes causant. En haut, un rideau. A gauche, sous le trait carré: *L. B. Coclers Aqua forti 1780* et à droite: *L. B. Coclers pinxit.*

Le sein et les bras de la dame sont encore blancs,
la figure n'est presque pas ombrée, seulement le
front à droite et la mâchoire gauche. Les murailles
du corridor sont blanches et les dalles ne sont in-
diquées que par quelques lignes. Il n'y a que le haut
de la feuille de papier pendante qui soit couverte
de lignes.

P. 212—184. T. C. 193—182. M. 18.

II. La figure de la dame est ombrée au pointillé, le
bras droit couvert de lignes, l'ombre sur le cou,
sous le menton, est renforcée de pointillé entre les
lignes, et le sein est indiqué par quelques lignes à
la pointe sèche. La figure de la servante est couverte de lignes horizontales, l'ombre sur le bras
gauche est renforcée de pointillé. Le fond, derrière
la dame, est augmenté d'une couche de lignes verticales, les murs du corridor sont couverts de lignes,
et les dalles sont gravées. Le rideau est tout à fait
couvert de lignes horizontales.

III. La mandoline est couverte de lignes à la pointe
sèche et la feuille de papier de lignes horizontales.
La jupe est couverte et rayée de lignes descendantes,
la main droite est ombrée au pointillé, le tablier de
la servante est couvert de lignes obliques.

IV. Le fond est couvert de lignes verticales et le blanc
qu'on voit sur le cadre du tableau gauche dans
l'état précédent est moins dur. La main et le bras
gauches de la dame sont ombrés de lignes à la
pointe sèche.

V.   Les lignes sur les bras et sur les doigts de la main
droite ont été grattées et remplacées par un travail au
pointillé. L'ombre, dans le creux du cou et du sein,
est aussi renforcée de pointillé. La porte, au fond
du corridor est couverte de lignes horizontales.

HISTOIRE SAINTE.

14.

DAVID ET NATHAN.

Le roi David et le prophète Nathan, d'après un dessin
de Rembrandt.

David est assis les mains levées, le sceptre est posé
sur ses genoux. Le prophète est assis à droite; au premier plan, à gauche, un petit chien; au fond, des drape-
ries. Dans le coin gauche, en bas: *Rembrandt*, à rebours
P. 193—234.   T. C. 182—225.   M 6.

15.

LA Ste VIERGE AVEC L'ENFANT.

La Ste Vierge est assise, des trois quarts à droite, et
embrasse l'Enfant du bras gauche; elle en tient les pieds
dans sa main droite.
P. 125—83.

Cette estampe rappelle la Vierge de la maison d'Orléans, par Raphael.

16.

LE CHRIST EN CROIX, D'APRÈS J. B. COCLERS.

Au milieu, le Christ crucifié. A droite, dans le fond,
Jérusalem et en haut le disque du soleil obscurci. A gauche, un bloc de rocher. Au fond, un éclair sillonne le ciel
très-couvert. Au haut de la croix un papier avec l'inscription I. N. R. I.; à gauche, au pied, un crâne sous
lequel on lit: *J. B. Coclers pinxit*, et à droite *L. B.
Coclers 1756.*

P. 332—226.

17.

TÊTE DE CHRIST

Tête de Christ, en face, d'après Jan van Eyck (?)

Souscription: *Véritable portrai* (sic) *de la face du
Sauveur.*

A droite, en bas: *L. Bernard Coclers sculp. 1756.*
P. 141—103. T. C. 100—87. Marge 34.

La planche a été détruite.

On lit dans un manuscrit de la main de l'archéologue
Martin Jean van Heylerhoff, de la première moitié de ce
siècle, manuscrit qui se trouve dans les archives de la
ville de Maastricht. »De reliquiis et sepulcro Sancti Ser-
»vatii aliisque antiquitatibus sacris Mosae-Trajectinis" 2 T.
1 vol. 8° p. 16—17:

»Il y avait à Maastricht à l'église de St. Servais un
»panneau de cinq pieds et demi en carré sur lequel était

»peint le »vera effigies Christi." A Maastricht on croyait
»que c'était un tableau peint par l'Evangéliste St. Luc.
»Ceux qui à Rome voyaient le tableau, que d'après la
»légende, le Christ lui-même aurait envoyé à Abgar, Roi
»d' Edessa, croyaient que le tableau de Maastricht en était
»une copie. Le Vicaire van der Poel trésorier de St. Ser-
»vais au 17ᵐᵉ siècle, dont van Heijlerhoff a consulté les
»notes, cite Pierre Christijns habile connaisseur de tableaux
»en son temps, qui attribue le tableau à Jean van Eyck.
»Au commencement de ce siècle un Chanoine de Sᵗ. Ser-
»vais le vendit à un individu qui a son tour le céda au
»Musée de Heidelberg pour la somme de 3000 florins.

On cherche en vain la »tête du Christ" au Musée de
Heidelberg, mais on trouve le tableau au Musée de Berlin, peint par Jean van Eyck, et acquis en 1821 avec la
collection du banquier anglais Solly [1]). Une copie de ce
tableau se trouve au Musée de Bruges, depuis 1788.
(James Weale, catalogue du Musée de Bruges). En com-
parant l'eau-forte de Coclers avec la photographie du
tableau on ne doute pas que Coclers ait gravé d'après le
tableau qui alors (1756) ne se trouvait pas à Berlin mais très-
probablement à Maastricht et qui a été vendu non pas
au Musée de Heidelberg, mais au banquier Solly.

18.

Le Christ et les disciples d'Emaüs.

1. Ils sont assis à une table carrée, le Christ au milieu.
   Au premier plan, à droite, l'un des disciples tenant

[1]) Communiqué par le Dr. von Tschudi, à Berlin.

un bourdon; à gauche, l'autre lève les mains en signe
de surprise.

Eau-forte pure, avec quelques travaux »au sable".
P. 92—125.

II. Avec des travaux en aqua-tinte.

19.

MARIE MADALEINE EN PRIÈRE.

Buste de profil à gauche; à gauche un crâne, un livre
et un crucifix.

P. 103—84.   T. C. ovale 90—81. M. 8.

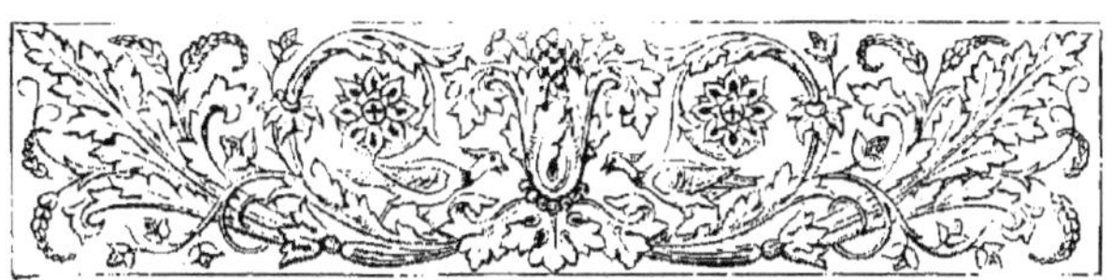

D'APRÈS DES TABLEAUX DE DIFFERENTS MAI-
TRES ET DE SA PROPRE INVENTION.

20.

LA MARAICHÈRE, D'APRÈS Q. BREKELENKAM.

Elle est assise sur une chaise, des trois quarts à droite, porte une collerette plissée et est coiffée d'un serre-tête par dessus lequel elle porte un chapeau dont le bord est rabattu sur le front; elle porte des bésicles et est en train d'écosser des fèves. Au fond, une muraille où se trouve à gauche un portique donnant vue sur une porte; sur une table, à droite, un panier rempli de choux, à gauche, par terre, un panier contenant des fèves et un autre sur lequel se trouve une assiette en bois avec deux choux et un oignon. Inscription:

La verdurrière (sic) *Hollandoise d'après Le Tableau de même grandeur que est au cabinet de Lauteur* (sic) *peintre et marchand de tableaux à Loyden.*

Sous le coin droit en bas *Q. Brckelenkamp ad vivom* (sic) *pinxit.*

Sous le coin droit en bas: *L. B. Coclers ft. aqua forti 1780.*

P. 278—233. T. C. 233—221. M. 15.

I. Avant l'inscription et les noms. La collerette est presque blanche, une partie du bâton appartenant au dos de la chaise est blanche, le devant de la jaquette est couvert d'une simple couche de lignes.

II. Le dit bâton du dos de la chaise avec sa pommette est couverte de lignes horizontales, le serre-tête et la jaquette sont couverts de lignes horizontales, sur le haut du bras droit l'ombre de la manche est plus forte par des lignes obliques.

III. La jaquette est entièrement couverte de lignes obliques allant de droite à gauche.

IV. La muraille du fond est tout à fait couverte de lignes verticales, la jaquette est couverte de lignes obliques très-serrées, et le jupon, au dessous de l'avant bras droit, de lignes horizontales. L'endroit sur le panier qui se trouve au premier plan à gauche de l'anse, ou la partie tressée manquait en est pourvue dans cet état. Le chou sur l'assiette est plus ombré.

V. Le blanc se trouvant dans l'ouvrage tressé des paniers et dans les habits est ombré.
Avec l'inscription et les noms.

21.

PORTRAIT D'UN ABYSSIN, D'APRÈS G. DOU.

I. Buste en face, tête crépue de profil à gauche. A côté de la tête, à droite: *G. DOV.*
En haut, au milieu; à rebours: *L. B. Coclers A. forti.*
A gauche en bas: *L. B. Coc. A. f.*
P. 138—110.

II. La figure est teintée par le grattement à la pierre
ponce; le profil du nez est plus droit. La chevelure
a été grattée et remplacée par un turban blanc avec
plume.

2 2.

LE BOUFFON, D'APRÈS D. HALS.

Buste des trois quarts à gauche, la figure de face, coiffée
d'une marotte surmontée d'un bonnet de fourrure avec
plume pendante.

Il porte une collerette plissée avec un manteau et une
guirlande de feuilles et de fruits en sautoir.

A gauche le monogramme DH (entrelacé), *1736* à
rebours. (On doit sans doute lire 1637).

P. 138—110.

23.

BABEL VAN HAARLEM.

Portrait de Babel van Haarlem, d'après Frans Hals.

A mi-corps, en face, assise à une table sur laquelle elle
s'appuie du bras gauche, la tête est tournée des trois quarts
à droite, un hibou est perché sur son épaule gauche.
Inscription: *Babel van Haarlem | Uw Uil schijne u een valk,
o Babel! ik ben te vreen, | speel met een valsche Pop gij
zijt het nit alleen.*

P. 157—127.

Le tableau se trouve actuellement au Musée de New-
York. J. F. Jacquemart en a fait également une eau-forte.

I. Le fond et le bras droit sont travaillés à la roulette.
En dessous, à droite: *Fr. Halls.*

II. Le fond est entièrement couvert de lignes à la pointe
sèche et travaillé à la roulette; le bras gauche est
ombré, le nom est gratté. Le tout est enchâssé dans
un gros trait carré.

III. L'ombre du bras gauche sur le corps est très-noire,
par de fortes lignes.

IV. Avec l'inscription, dont les caractères sont très gros-
siers à cause de la trop forte morsure.

V. La souscription est moins grossière, parceque la
planche est grattée dans la marge.

VI. La marge est teintée, parceque la planche est grattée
à la pierre ponce.

24.

LE PASSAGE DU GUÉ, D'APRÈS J. JANSON.

I. A gauche un quartier de rocher, à droite des mon-
ticules boisés, des montagnes dans le lointain. Au
premier plan, au milieu, se trouve un homme vu de
dos, à gauche, une femme à cheval et à droite, deux
vaches.
P. 135—125.

II. Sur le rocher à gauche, se trouve un rameau, le
rocher et le feuillage des arbres sont fortement ombrés
au racloir.

III. Dans le coin gauche, en haut: *J. Janson f.*
»   à droite: *L. B. Co.*

La planche est plus petite. 125—118 mM.

2 5.

PORTRAIT DE A. VAN OSTADE, D'APRÈS LUI-MÊME.

Jusqu'aux genoux; assis sur une chaise, des trois quarts
à gauche, la tête en face. Il porte un chapeau, un manteau et un col plat en toile dont il tient le ruban de
la main gauche. Son bras droit repose sur une table,
et la main pendante tient un gant; au fond, à gauche, un
rideau. Sur la table, à côté de la tête d'un buste en
marbre, se trouve un papier.

Sous le coin gauche, en bas: *A. van Ostade pinx.*

   »   droit   »   *L. B. Coclers ft.*

Inscription *A. van Ostade pictor.*

P. 182—132. T. C. 130—108. M. 40.

Smith, dans son catalogue raisonné, dit que ce portrait
est le seul tableau (172) qu'il ait vu peint par Ostade, de
grandeur naturelle: 77—66 cM. Le buste en marbre serait
celui de l'Empereur Adrien.

  I   Eau-forte pure de l'estampe décrite. Rien que le
     contour du portrait et le dos de la chaise. Le bord
     du chapeau est ombré ainsi que le dessus de la
     figure.

     P. 195—175. T. C. 135—106. M. 50.

  II.   Le haut du chapeau est terminé par quelques
     petites lignes, les sourcils sont plus foncés.

  III.   Le dessous du bord du chapeau est entièrement
     ombré, et l'ombre sur la figure est renforcée par
     des lignes à la pointe sèche.

  VI.   Le chapeau est entièrement couvert de lignes s'entrecroisant et travaillées à la pierre ponce, la figure de même. A droite, le fond est ombré jusqu'au dos de la chaise.

V. Le dos de la chaise est couvert de lignes horizontales, à la pointe sèche. Le fond, entre la chaise et le trait carré vertical à droite est ombré, de même que le manteau à droite.

VI. Le rideau est ombré par une simple rangée de lignes; sur la table se trouvent la tête d'un buste en marbre et une feuille de papier. Le fond est plus travaillé par des lignes s'entrecroisant le long du trait carré vertical, dans le coin droit, en haut.

VII. La fenêtre est couverte de lignes verticales entre la tête et le bras, il en est de même à droite, au dessus du chapeau. Le dos de la chaise est ombré plus fortement par des lignes horizontales, le côté étroit est couvert de lignes verticales. Le gant est couvert de travaux à la pointe sèche, il en est de même de l'index et du pouce de la main droite.

La partie du manteau qui se trouve sur les genoux est entièrement travaillée et les plis sont ombrés. A côté du pouce de la main gauche, on voit deux boutons.

VIII. Le dos de la chaise est plus ombré par d'autres lignes horizontales, le côté étroit est couvert d'une rangée de petites lignes verticales. Le gant est plus ombré; sur les genoux, le manteau est couvert d'une rangée de lignes obliques. Les plis du rideau sont plus fortement ombrés pas de petites lignes s'entrecroisant.

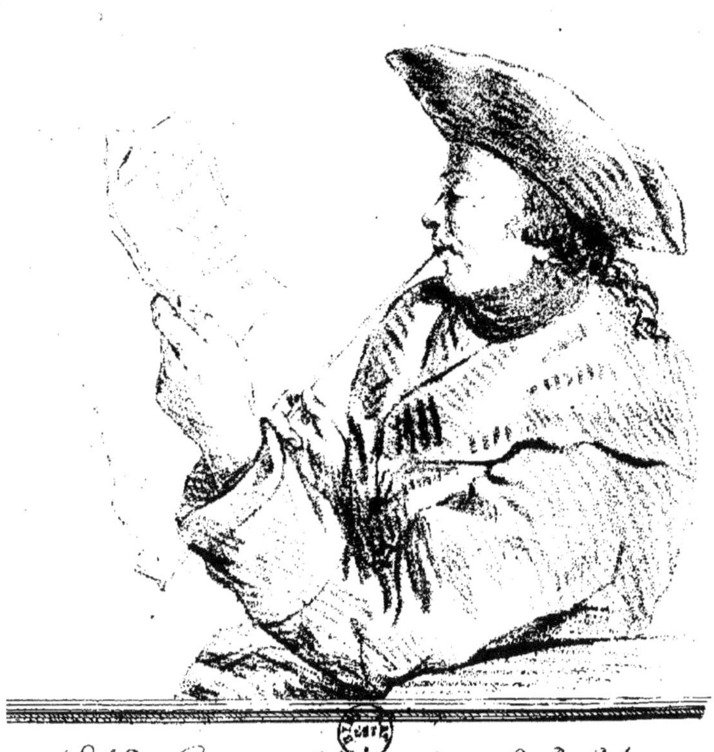

Essai de Gravure au Sablé inventé par L. B. Coclers

DEDIÉ À MONSIEUR A. van BEURDEN, par l'auteur.

a Leiden sur le Oude Vest.

IX. Le rideau est couvert d'une rangée de lignes descendant de gauche à droite; à côté du pouce, on voit sur le manteau, trois boutons. Le dos de la chaise est entièrement couvert de lignes à la pointe sèche.

X. Sur le papier se trouvant sur la table, on lit à rebours: *Ostade f.* Le manteau qui couvre le bras droit est couvert d'une rangée de lignes presque verticales.

XI. Le tapis de table est couvert d'une rangée de lignes à la pointe sèche.

XII. Avec les noms et l'inscription.

26.

PORTRAIT DU PEINTRE JACOBUS JANSON.

Jusqu'aux genoux, de profil à gauche, assis à une table et lisant une lettre. Il est coiffé d'un tricorne, fume une pipe de Cologne, et tient la lettre de la main gauche.

Inscription: *Essai de gravure au sable inventé par L. B. Coclers, dédié à monsieur A. van Beurden par l'auteur, à Leyde sur l'oude Vest.*

P. 159—127. Gravure au sable.

I. A gauche: *L. B. Coclers.*

II. L'ombre du bras gauche, sur la table, est plus forte.

III. L'ombre du bras gauche, sur la table, va jusqu'au coude et la mêche de cheveux sur le dos est plus longue.

IV. Le dos est contourné par une ligne à l'eau-forte.

V. Le nom a été gratté.

27.

PORTRAIT DU PEINTRE JACOBUS JANSON.

Rien que la tête, de profil à gauche, coiffé d'un tricorne.
P. 48—55.
Gravure au sable.

28.

PORTRAIT DU PEINTRE JACOBUS JANSON.

A mi-corps, de profil, à droite, assis sur une chaise,
la figure, des trois-quarts à droite, regarde le contemplateur.
Il porte un chapeau et une pelisse. A droite, une table
contre laquelle s'appuie une planche à dessiner qui est
posée sur ses genoux et qu'il tient de la main gauche.
Il dessine sur le papier qui couvre la planche.

Sous le coin gauche, en bas, en partie dans le trait carré:
L. B. Coclers ft. ad vivum.

Inscription: *J. Janson Pictor.*
Aemula Pottero pinxit quae rura bovesque
Vivat in sera posteritate manus.
P. 158—127. T C. 131—116. M. 22.

I. Eau-forte pure. Il n'a pas de chapeau, mais porte
une perruque à queue, la fourrure manque à la
pelisse, la table se trouve devant une fenêtre, la
figure est seulement ombrée au côté raccourci.

II. La figure est tout à fait ombrée, la perruque et sa
queue, comme le col de la pelisse, sont couverts de
lignes à la pointe sèche.

III. Au-dessus de la tête et entre la figure et la fenêtre le mur du fond est ombré. La manche gauche est entièrement ombrée, la partie du col de la pelisse, qui se trouve sur la poitrine est fortement ombrée par des lignes s'entrecroisant. La fenêtre donne sur un paysage.

IV. La muraille est entièrement ombrée, le dos de la chaise est plus achevé et le côté uni de son bois est couvert de lignes obliques.

V. Le porte-crayon qu'il tient dans la main est ombré.

VI. La chaise et la pelisse sont entièrement ombrées.

VII. Avec l'inscription : *J. Jansons* (sic) *pictor.*

VIII. Il porte un chapeau et la pelisse est garnie de fourrure au col et aux manches. La fenêtre et le paysage ont disparu sous des lignes s'entrecroisant. Le papier sur la planche est encore blanc.

IX. Le papier sur la planche est couvert d'un dessin.

X. Le nom a été gratté.

XI. Sous le coin gauche en bas : *L. B. Coclers ft. ad vivum.*

XII. Comme décrit ci-dessus avec l'inscription : *Aemula Pottero* etc.

29.

PORTRAIT DE JEAN COLIZZI.

A mi-corps, en face, la tête tournée à gauche, assis à une table, la main gauche est posée sur le genou, le bras droit appuie sur la table, où se trouvent quelques feuilles de papier à musique ; il a une plume à la main. Il est vêtu d'une robe de chambre garnie de fourrure, et d'une

cravate en dentelles, et il est coiffé d'une perruque à queue
poudrée. A gauche, une bibliothèque.

Dans la marge, au dessous du coin à gauche:

L. B. Coclers pinx et fc. aqua forte.

P. 227—238. T. C. 227—220. M. 43.

I. Eau-forte pure; fond blanc, sans bibliothèque.

II. Le fond est ombré; à gauche, une bibliothèque.
Le tapis de table est entièrement travaillé et la
figure et les mains sont ombrées. La manchette du
poignet droit est achevée et sur la feuille de papier
se trouvent trois lignes verticales et quelques lignes
horizontales à l'eau-forte.

III. A droite, le col est couvert de lignes. L'ombre
sur la main droite est plus noire et s'avance davan-
tage sur les doigts. La paupière de l'oeil droit est
couverte de lignes, le fond est encore plus fortement
ombré par de fortes lignes horizontales.

IV. Avec les lignes à musique sur le papier. L'oreille
et la chevelure sur le front sont travaillés à la
pointe sèche.

V. Avec l'inscription, comme décrite ci-dessus.

A Londres, il y a un exemplaire du 4me état où on lit,
écrit à la plume »*Pingt et gravé par L. B. Coclers*", et
plus bas: »*J. K. Collitzi Maître De musique De Madam
»La princesse Louis Dorange*."

30.

PORTRAIT DU CORNISTE PELTING.

A mi-corps, à droite, de profil, jouant d'un cor de chasse.
P. 156—127.

31.

Napoléon Buonaparte et Pie VII.

Deux portraits en médaillon. A gauche, Buonaparte, de profil, à droite, en uniforme de général; les cheveux, ramenés en avant, couvrent le front et les tempes. A droite, le Pape de profil à gauche, en soutane et coiffé d'une calotte. Au-dessus plane une colombe sous laquelle se trouve l'ange de la Paix, tenant une palme de la main droite.

P. 157—174. T. C. 145—162. Diamètre du médaillon 117.

32.

Portrait d'un inconnu.

I. Un jeune homme, à mi-corps, à gauche, tourné à droite, assis à une table; la tête en face, coiffée d'un chapeau rond. La main droite est posée sur une feuille de papier qui se trouve sur la table. Au fond une fenêtre munie d'un châssis. A droite, un rideau.
P. 158—128. T. C. 132—123. M. 24.
Eau-forte pure.

II. Le visage du jeune homme, le rideau et le châssis sont ombrés.

33.

Portrait d'un inconnu, lisant.

I. Un homme lisant est assis, de profil à gauche, sur une chaise et tient un livre de la main gauche; il est coiffé d'un bonnet et vêtu d'une robe de chambre; il porte des lunettes et un abat-jour. Tout le fond et presque toutes les parties ombrées sont très-noirs par les barbes qui se trouvent à la planche.

P. 159- 128. T. C. 139—113. M. 13.

II. La robe de chambre est couverte de lignes à la pointe sèche; il en est de même de la main droite près de la manchette. Le fond, entre le genou droit et le trait carré à gauche, est couvert de lignes obliques.

34.

L'INSTRUCTION.

Au milieu d'une chambre, une jeune femme est assise, la tête de profil à gauche. A gauche est un petit garçon tourné à droite et posant sa main droite sur le genou de la femme; il lit dans un livre que la femme tient à la main et dans lequel elle lui montre les lettres avec une plume. Au premier plan, à droite, une table à rallonges sur laquelle se trouve un chandelier avec une chandelle allumée; à gauche, l'âtre avec la cheminée en boiserie, au haut de laquelle se trouve un tableau. Tout à fait au premier plan, à côté de l'âtre, un baquet à tourbes et de l'autre côté un seau à charbon; sur la plaque du foyer, un tisonnier; au fond, un lit masqué par un rideau; à gauche, à côté du garçon lisant est assis un enfant. On lit sous le trait carré: *L. B. Coclers ad vivum*, et au milieu l'inscription: *L'instruction.*

P. 273—232. T. C. 247—227. M. 23.

1. Eau-forte pure. L'enfant assis porte un bonnet, la tache blanche de la lumière touche le bonnet de la femme, la fumée de la chandelle monte, le lumignon est visible dans la flamme. Sur la muraille, à droite, une porte cintrée. Presque rien du fond et du côté gauche n'est gravé; à côté du pied droit déchaussé de la femme, une mule se trouve à terre.

II. La flamme de la chandelle est conique et dépasse en hauteur le bonnet de la femme, par l'effet de l'ombre du fond. La fumée et le lumignon ont été grattés.

III. La corniche et le rideau du lit sont gravés, la flamme de la chandelle est plus petite et plus basse que le bonnet de la femme. Le fond à droite est entièrement ombré par des lignes verticales et obliques, la poignée du tisonnier a été à peu près grattée. La figure de la femme est plus ombrée et le volant de son bonnet est gravé. La femme a un soulier au pied droit.

IV. L'enfant assis est entièrement changé; il porte un bourrelet, est plus petit et tout à fait ombré; à gauche, se trouve un panier à anse. La ligne horizontale supérieure de la plaque du foyer est gravée, le plancher qui y touche est couvert de lignes obliques. Le petit manteau de la femme n'est plus fermé au cou, ce qui rend la guimpe visible. L'âtre est gravé jusqu'à la corniche de la cheminée. Le seau à charbon est couvert de lignes s'entrecroisant.

V. La poignée du tisonnier est gravée de nouveau. Le plancher est entièrement couvert de lignes horizontales. Le baquet à tourbes est ombré de lignes s'entrecroisant.

VI. La plaque de la cheminée est couverte de lignes horizontales. Les mains et la figure de la femme et du garçon sont couvertes de lignes à la pointe sèche ; la porte cintrée n'est plus visible, à cause de l'ombre très-forte, et la table est couverte de lignes horizontales qui sont croisées, à droite, par des lignes obliques.

VII. La flamme est plus petite.

VIII. La plaque de la cheminée est ombrée plus fortement par des lignes horizontales et entre le seau à charbon et la jambe du garçon sont gravées à l'eau-forte quelques lignes horizontales.

IX. Le trait carré de dessous est placé plus haut, et la marge a par conséquent une largeur de 23 mM. La flamme de la chandelle est plus mince. Les lignes obliques, au milieu du tablier, vont jusqu' au pli.

X. Le bout de la flamme est aussi haut que le bonnet de la femme.

XI. Avec le nom.

XII. Avec l'inscription, décrite ci-dessus.

35.

LA BONNE NOURRICE.

Dans une chambre, qu'une fenêtre éclaire du côté gauche,

une femme est assise, tenant sur ses genoux un enfant qui se serre contre son épaule gauche. A droite, à côté de la femme, est un berceau; au premier plan, à gauche, une chaise d'enfant à moitié cachée par un rideau qui, du côté de la fenêtre prend tout le haut de l'estampe. A gauche, derrière la femme, une chaise; au fond, à droite une porte donnant sur un escalier et où se trouve une niche avec un crucifix. Par terre se trouvent une paire de souliers et des bas d'enfant. Dans le coin du bas, à gauche. *L. B. Coclers ft.*

Inscription: *La Bonne Nourice* (sic).

P. 272—233. T. C. 249—220. M. 18.

I. Eau-forte pure. Le fond manque entièrement, on ne voit de la fenêtre que le châssis et le contour du rideau. Le côté droit de la chaise d'enfant est couvert de lignes obliques.

II. Le fond est achevé; la porte y est avec l'escalier, sans rampe. Le rideau est entièrement ombré, ainsi que la chaise, de lignes verticales et obliques. Le lange qui enveloppe les jambes de l'enfant est entièrement ombré, il en est de même du jupon de la femme, excepté du côté de la fenêtre, et sa jaquette et le bras droit.

III. Le rideau est encore couvert de deux couches de lignes horizontales et verticales, la chaise d'enfant, de lignes verticales. La partie du jupon de la femme tournée vers la fenêtre, est couverte de lignes obliques, ainsi que le ruban de son bonnet. Le cou et la joue droite sont ombrés au pointillé ainsi que la figure de l'enfant. La chaise se trouvant entre la femme et la fenêtre est entièrement ombrée, le plancher est couvert de lignes horizontales et la rampe de l'escalier est gravée.

IV. Le drap du berceau est entièrement couvert de lignes à la pointe sèche. La fenêtre, avec les baguettes et les carreaux, est gravée. Le châssis et l'appui de la croisée sont couverts de lignes verticales. Au fond, dans la muraille, près de l'escalier, est gravée une niche avec un crucifix.

V. Avec le nom et l'inscription, décrits ci-dessus.

36.

LA MARCHANDE DE VOLAILLE.

I. Par une fenêtre cintrée, on aperçoit l'intérieur de la boutique d'une marchande de volaille. Au premier plan, à droite, la vieille femme est assise à une table, tournée à gauche et lit une lettre qu'une jeune fille vient de lui donner. Celle-ci se tient debout à gauche, de profil; devant elle, est posé un seau en cuivre d'où sort une queue de faisan. Au fond, à droite, se trouve un jeune homme à longs cheveux, près d'un panier de poules; il se retourne pour regarder la jeune fille. A gauche, un lièvre est pendu à la muraille, et sur l'appui de la fenêtre est posée une corbeille renversée, couverte d'une serviette.

P. 320—252. T. C. 275—230. M. 30.

II. Le pelage du lièvre est plus fourni, le blanc est enlevé partout, à l'exception du bord de l'oreille et de la queue. La figure de la vieille femme est grattée et

son manteau est plus fortement ombré par des lignes
verticales. L'ombre projetée sur la fenêtre, à droite,
est renforcée par une rangée de lignes verticales.

Le tableau a été exposé en 1810 à Amsterdam,
et y a été vendu le 8 Juin 1816.

37.

LA MARAICHÈRE.

A droite, derrière une fenêtre, se tient la maraichère,
des trois quarts à gauche. Au premier plan, une servante est debout de profil à droite, le bras gauche s'appuie sur un seau en cuivre, et dans la main droite, la
maraichère lui compte de l'argent. Au premier plan, à
droite, un panier de légumes et un garçon qui lève les
mains. Au fond, à gauche, une porte. Une glane d'oignons
est pendue au châssis de la fenêtre.

P. 126 — 97.

(Tableau N⁰. 22, Vente 8 Avril 1816).

38

L'ÉCUREUSE.

Devant une fenêtre se trouve une jeune femme en train
d'écurer un chaudron qui repose sur l'appui de la fenêtre,
et qu'elle tient de la main droite. En haut, à gauche:
L. B. Coclers f. aqua forti 1780. En bas, à gauche, dans
la marge: *L. B. C. pinxit 1775.*

P. 119—195. T. C. 109—91. M. 7.

I. Eau-forte pure ; avant les noms et avant le trait carré.

II. Avec les noms et avec le trait carré.

III. Le fond, à gauche, est plus ombré par des lignes
à la pointe sèche ; il en est de même de l'appui de
la fenêtre. Du côté de la lumière l'intérieur du
chaudron est couvert de lignes à la pointe sèche.
Le bras droit est plus ombré, de même que la joue,
le cou, le bonnet et le fichu.

39.

LA PETITE BONNE D'ENFANTS.

Dans une chambre est assise une vieille femme en
train de nourrir d'une soupe au lait un enfant coiffé d'un
bourrelet, et un autre assis dans une chaise à roulettes.
Au fond, à gauche, une cheminée, près de laquelle une
femme est assise, donnant le sein à un enfant; près d'elle
se tient un homme qui allume sa pipe. Au premier plan,
à droite, un chat est assis sur une table.

P. 144—124.

40.

LA GRANDE BONNE D'ENFANTS.

Une vieille femme est assise dans une chambre vis-
à-vis de deux enfants, dont l'un, à gauche, de profil, coiffé
d'un bourrelet est assis sur une chaise et l'autre dans
une chaise d'enfant.

P. 210—172.

41.

LA CONVERSATION.

Un homme, vu de dos, est en conversation avec une femme qui se trouve à côté de lui ayant un panier à anse au bras. Au fond, à droite, une clôture.

P. 200—159. T. C. 171—145. M. 22.

42.

LE PHILOSOPHE.

I. Un homme, en face, enveloppé d'un manteau et coiffé d'un béret, est assis derrière une table sur laquelle est placé, à gauche, un globe terrestre. Devant lui un encrier, une jatte, et un livre ouvert sur lequel il appuie les bras,.

   P. 180—125. T. C. 140—120. M. 37.

II. A droite, sur le manteau près du cou, on voit quelques lignes à la pointe sèche, de même dans les plis du manteau, près du trait carré en bas à droite; il y a beaucoup de barbe.

   (La planche a été détruite.)

43.

BUSTE D'HOMME EN PRIÈRE.

En face, un peu à gauche. Il cache les mains dans son

bonnet qu'il lève à la hauteur de sa figure; les yeux sont fermés. A gauche en haut: *L. B. C.*

P. 84—68.

I. Eau-forte pure de l'estampe décrite.

44.

Tête d'homme en chapeau.

Tête d'homme, de profil, à gauche, coiffé d'un chapeau et une pipe à la bouche.

P. 56 39.

I. Le chapeau n'a pas de bande.

II. Le chapeau est pourvu d'une bande.

III. Avec l'ombre au fond, près du nez.

IV. L'ombre au fond se prolonge jusqu'au bord du chapeau.

V. Le chapeau est couvert de lignes à la pointe sèche, la redingote d'une rangée de lignes obliques.

45.

Tête d'homme au petit chapeau.

Tête d'homme, de profil à droite, coiffé d'un petit chapeau.

P. 83—94.

46.

Buste de jeune femme.

Elle est vue, de profil, à gauche; les cheveux lui tombent sur les épaules et le dos.

P. 136—99. Gravure au sable.

47.

LA MENDIANTE.

Elle va à droite et tient la main gauche comme pour demander l'aumône; à sa gauche chemine un enfant. Au second plan une rivière gelée qui se perd dans le lointain. A droite deux personnes mettent des patins.

P. 105—85. T. C. 98—79. M. 5.

I. Eau-forte pure. Rien que la mendiante et l'enfant.

II. Au premier plan un chemin, au second plan une rivière gelée et les deux personnes qui mettent des patins.

III. Avec le ciel; en haut dans le coin droit: *L. B. C.* et le trait carré.

48.

LES PORTE-FAIX.

Sur un quai, un homme est debout, de profil, à gauche. Au fond s'en trouve un autre qu'on voit sur le dos et qui s'appuie sur un garde-fou. A droite une colonne qui prend toute la hauteur de l'estampe et une vieille pièce de canon à moitié enfoncée dans la terre.

P. 104—85.

I. Eau-forte pure, rien que les deux hommes.

II. Comme décrit en haut; toute l'estampe est ombrée de lignes à la pointe sèche.

49.

L'ÉCHOUEMENT DU VAISSEAU »GÉNÉRAL BARKER"
à KATWIJK, 1781.

La plage occupe toute la largeur du premier plan où l'on voit, à droite et à gauche, quantité de spectateurs. Au milieu, un homme à cheval et un chariot attelé de trois chevaux et entouré d'hommes armés. Au second plan, et dans le lointain, la mer. A gauche, le vaisseau échoué, à droite deux bateaux pêcheurs qui amènent des hommes sauvés, dont deux sont portés dans le chariot.

On lit dans le »Catalogue raisonné de la collection De Ridder", dressé par M. J. Ph. van der Kellen, Directeur du Cabinet d'estampes au Musée de l'Etat à Amsterdam, p. 7: »Cette pièce est décrite tout au long par »Ottley dans ses »notices of engravers" d'après un exem- »plaire faisant alors partie de la collection Sheephanks, »qui se trouve maintenant au Musée britannique. Weigel, »dans son supplément au Peintre-Graveur, Le Blanc, dans »son Manuel, l'ont rangée d'après Ottley dans l'oeuvre »de Backhuizen, quoiqu'elle ne soit nullement de ce »maître. Cette estampe, qui représente le naufrage du »vaisseau »Général Barker", de la Compagnie Anglaise des »Indes Orientales, sur la côte de la Hollande méridionale, »près de Katwijk, a été gravée par L. B. Coclers".

P. 135—164. T. C. 119—159.

I. Sous le coin gauche, en bas, les initiales *L. B. C.*

II. Les initiales ont été grattées. Le ciel est couvert de nuages.

50.

Le moulin du polder.

Au premier plan, à droite, le moulin, les ailes tournées à gauche, l'eau détournée tombe dans un canal qui occupe toute la largeur du premier plan et dont le bord est garni d'un revêtement. A gauche, dans le lointain, une maison et trois vaches.

P. 110—99. T. C. 107—95.

I. Les ailes du moulin sont blanches. Le trait carré manque en bas.

II. Les ailes du moulin sont couvertes de lignes. Le trait carré, en bas, est tracé.

Cette estampe est quelquefois attribuée à Janson.

51.

L'écluse.

Au milieu du second plan, se trouve une écluse dont la vanne est tirée. Le premier plan est pris par l'eau, qui se précipite dans toute la largeur de l'estampe. A droite de l'écluse, de grands arbres, sous lesquels l'on voit un homme allant à gauche. A gauche, au fond, une forêt de peupliers avec un enclos où se trouve une grille en bois.

P. 185—198. T. C. 173—190.

I. Le trait carré n'est pas encore tracé.

II. Avec le trait carré. Le ciel est couvert de lignes entre les arbres.

52.

LA CATARACTE.

Une rivière, coulant de gauche à droite, occupant toute la largeur du premier plan, forme une petite cascade. A gauche, au premier plan, des roseaux; à droite, une barrière en partie dans l'eau. Tout le fond est planté d'arbres; au milieu, à gauche, une maison.

P. 90—133. T. C. 86—130.

53.

LES PÊCHEURS à LA LIGNE.

Dans un fossé qui prend toute la largeur du premier plan, flotte un bateau dans lequel se trouvent trois hommes et trois femmes tournés tous vers la droite, à l'exception d'un homme qui regarde à gauche Quatre des figures tournées vers la droite sont pourvues d'une ligne, la cinquième en a deux. A gauche, des buissons et au second plan, une maison; à droite, une passerelle; au milieu, le toit d'une maison.

P. 137—159.

I. Eau-forte pure. Au milieu du fond, un moulin. Avant le ciel.

II. Le bateau, l'eau et le fond sont entièrement teintés par le grattage à la pierre ponce.

III. Les pêcheurs et le bateau sont couverts de lignes obliques, de même que le toit de la maison. Les tuiles sont gravées. La maison, à gauche, est couverte de lignes presque horizontales; à droite et à gauche, l'eau est couverte de lignes qui s'unissent au premier plan. La troisième ligne de gauche est pourvue d'un bouchon.

IV. A droite, dans le lointain, un paysage. Le moulin à vent est ombré du côté droit. Les pêcheurs et le bateau sont encore teintés et la première ligne est pourvue d'un bouchon.

V. Le moulin est gratté et remplacé par un ciel sombre de lignes horizontales; toute l'estampe est teintée à la pierre ponce.

54.

L'ORAGE.

Sous un arbre, à droite et qui prend toute la hauteur de l'estampe, une femme est assise à gauche, de profil; le jupon rabattu sur la tête, un enfant se serre contre elle et cache sa tête dans son sein. A droite, une meule de foin frappée par la foudre. En bas, à rebours: *L. B. C.*

P. 85—58.

D'après le tableau N⁰. 29?

55.

ETUDE DE PLUSIEURS TÊTES.

P. 158—137.

I. Au milieu, la tête d'un homme, de profil, à droite, et celle d'une femme des trois-quarts à droite.

II. L'estampe augmentée d'une tête d'enfant, coiffée d'un bourrelet; au-dessus une main.

III. L'estampe est augmentée de trois têtes en sens inverse des deux premières: une femme avec une coiffe hollandaise, des trois-quarts à droite; un homme avec un chapeau, de profil à gauche, et une femme coiffée d'un bonnet, de profil à gauche.

IV. L'estampe est augmentée à droite de trois têtes: une dame que deux messieurs embrassent; l'un est coiffé d'un tricorne, l'autre porte une perruque à queue.

V. L'estampe est augmentée au milieu d'une tête de femme, dont on voit la nuque de profil à gauche. Cette tête est en gravure au sable.

VI. Les deux têtes du premier état ont été grattées, ainsi que la main, au-dessus de la tête au bourrelet. A la place des deux têtes est gravée celle d'un garçon, coiffé d'un bonnet de fourrure. A la place de la main, une tête de vieille à lunettes. A gauche, au milieu, la tête d'un homme âgé, coiffé d'un tricorne, de profil à droite.

VII. L'estampe augmentée en haut d'une tête de femme, des trois-quarts à droite, avec un chapeau à larges bords. En haut, à droite, une tête de femme, coiffée d'un bonnet, de profil à droite.

56.

L'Homme au tricorne.

Tête d'un homme âgé, coiffé d'un tricorne, de profil à droite.

P. 90—117.

57.

L'Homme au tricorne et deux têtes de femmes.

Tête d'un homme âgé, coiffé d'un tricorne, de profil à droite. En haut, à gauche, un buste de femme, ayant sur la tête la coiffe d'une paysanne; et une autre tête de femme.

Gravure au sable, excepté les deux têtes de femmes, qui sont à l'eau-forte.

P. 158—125.

58.

Les deux têtes de femme. Fragment de la planche de l'estampe décrite au numéro précédent.

P. 64—43.

59.

L'enfant au bourrelet.

Un enfant, à droite, de profil, coiffé d'un bourrelet, est assis sur un chauffe-pieds.

P. 91—61.

60.

Mère et fils.

Un petit garçon est debout sur une chaise; à gauche, une femme est occupée à coudre un bouton à sa culotte.

P. 119—95.

61.

L'admonition.

A droite, une femme est assise derrière une table, elle lève l'index de la main gauche contre un homme qui est

placé vis-à-vis d'elle et semble lui administrer quelque
exhortation; il a le dos tourné vers le spectateur. A gauche, en bas: *L B C,* en monogramme.

P. 58—51 (Ovale).

I. Avant le monogramme.

II. Avec le monogramme.

62.

Effet de lumière.

Au centre, une dame est assise en face, devant une
table sur laquelle se trouvent une boîte à ouvrage et un
chandelier. A droite, une jeune fille, de profil à gauche.

P. 53—68.

63.

L'Ivrogne.

Buste en face d'un homme, paraissant ivre, assis sur
une chaise, la tête penchée à droite; il porte un chapeau
à larges bords. A gauche, au fond, deux têtes.

P. 171—159.

64.

Garçon buvant.

Buste de garçon coiffé d'un bonnet de nuit, de profil
à droite; il boit dans une jatte qu'il porte de la main
droite à sa bouche. En bas, à gauche: *L. B. Coclers.*

P. 137—120.

65.

La fille à la cuiller.

Tête de jeune fille coiffée d'un bonnet, de profil à gauche.
De la main gauche elle porte une cuiller à sa bouche.

P. 84—67.

66.

LE CHAT.

Un chat vu sur le dos est assis sur un chauffe-pieds.
P. 69—43.

67.

ETUDE D'UNE TÊTE.

Une tête des trois quarts à gauche, relevée et regardant
en haut.

P. 122—88.   Gravure au sable.

Il y a des impressions en rouge.

L'estampe est quelquefois attribuée à J. Janson.

68.

JEUNE FEMME AU BONNET.

Buste de jeune femme, la tête tournée à droite, il n'y a
que le nez et la paupière droite qui soient visibles. Elle
porte un bonnet.

P. 91—61.   Gravure au sable.

Il existe des impressions en rouge. L'estampe est
quelquefois attribuée à Janson.

69.

TÊTE DE VACHE.

Tête de vache, de profil à gauche.
P. 70— 72.   Gravure au sable.

70.

GRIFFONNAGE.

Griffonnage ; à gauche, un chandelier.
P. 84—68.

L'OEUVRE GRAVÉ DE MARIE LAMBERTINE COCLERS.

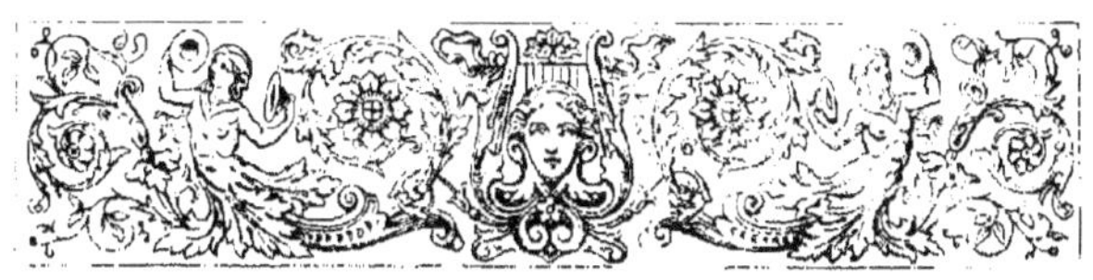

L'OEUVRE GRAVÉ DE MARIE LAMBERTINE COCLERS.

I.

L'AUBERGE.

A gauche, l'auberge couverte de vigne; sur l'enseigne
se trouve un croissant. A droite de la maison, une étable
à porc, d'où un cochon avance la tête. Derrière l'étable,
un arbre qui remplit tout le haut de l'estampe. Une
vieille femme, appuyée sur la partie inférieure de la porte,
cause avec un homme qui se trouve dehors et qui allume
sa pipe à un pot à feu. A gauche, une fenêtre; un garçon est assis sur un chauffe-pieds; devant lui se tient un
petit enfant. Au fond, deux figures à l'ombre d'un arbre.
P. 173—158. T. C. 151—137. M. 10.

I. A gauche, dans la marge, une petite tête.

II. Avec les travaux en aqua-tinte.

III. La petite tête a été grattée.

2.

Les femmes auprès de la porte battante en lattis.

Deux femmes, dont l'une tient un enfant sur son bras
gauche, sont en train de causer près d'une porte en lattis
faisant partie d'une clôture de planches. Derrière la porte,
et s'y appuyant du bras gauche, est un paysan fumant sa
pipe. A droite, un arbre; au fond, une étable couverte
de chaume; à gauche, une meule de foin; au fond, à
gauche, un berger est assis, gardant ses moutons.

    P. 173—158. T. C. 151—137. M. 10.

I. Avant les contours noirs au tronc d'arbre et aux
planches de la clôture.

II. Avec ses contours.

3.

L'enfant au moulinet de papier.

Une femme debout avec un enfant sur les bras, et
tenant de la main gauche un moulinet de papier attaché
à un petit bâton. Derrière elle, un homme s'appuyant
des deux mains sur une béquille. Devant elle se trouve
un enfant, tourné vers la droite et étendant la main gauche vers le fond. Dans le coin gauche en haut, une tête
à droite, de profil.

    P. 126—99.

4.

Le marchand de beurre.

Un homme coiffé d'un tricorne s'appuie, les mains croissées, sur un bâton. Par terre, devant lui, est posé un panier à anse rempli de beurre.

P. 189—103.

5.

LE FUMEUR.

Buste d'homme, en face, la tête des trois-quarts à gauche; de la main gauche il tient une pipe.

P. 117—102.

6.

LA ROULETTE.

Un petit enfant, coiffé d'un bourrelet, se trouve près d'une roulette. Un homme, causant avec une femme, le tient en laisse. A gauche, un chat; à droite deux poules; au fond, une ferme.

P. 106—85.

7.

LA FAMILLE.

A droite, un homme debout, tourné vers la gauche, cause avec une femme qui tient un enfant dans ses bras. Devant la femme, deux enfants se regardant de profil. A gauche, un arbre. Le ciel est couvert de nuages.

Avec des travaux en aqua-tinte.

P. 130—180.

8.

DEUX HOMMES CAUSANT.

Un homme debout, tourné à droite et s'appuyant sur

un bâton, parle avec un autre, qui se trouve derrière la porte inférieure d'une maison. A droite, un petit garçon avec un cerceau. Le fond dans la porte est ombré à la roulette.

P. 93—95.

9.

DEUX FEMMES CAUSANT.

Deux femmes, dont l'une tient un enfant sur son bras gauche, sont en train de causer. Les parties ombrées sont en aqua-tinte et à la roulette.

P. 72—50.

I. Eau-forte pure. Il n'y a que la partie supérieure des deux figures qui soit indiquée, et de celle, à gauche, une partie du jupon.

II. Avec les travaux en aqua-tinte.

III. Avec les travaux à la roulette.

10.

LA FEMME AU CHAUFFE-PIEDS.

Une femme debout, de profil à gauche, est coiffée d'un chapeau de paille et chaussée de sabots; de la main gauche, elle serre un chauffe-pieds et de la main droite elle porte un pot au lait.

P. 99—80.

11.

L'ORIENTAL.

Tête d'un Oriental coiffé d'un turban.
En médaillon. Diamètre 37.

I 2.

L'HOMME AU BONNET DE NUIT.

Tête de jeune homme, de face, coiffé d'un bonnet de nuit.

En médaillon. Diamètre 27.

I 3.

L'HOMME AUX LUNETTES.

Tête d'homme, de profil à gauche, portant des lunettes et baissant le regard; il est coiffé d'une casquette à grande visière.

P. 72—53.

I4.

UNE VIEILLE AVEC BONNET.

Tête de vieille femme, coiffée d'un bonnet, légèrement tournée à gauche. Le fond est travaillé à la roulette.

P. 45—44.

I 5.

DEUX TÊTES.

Tête de femme, de profil à gauche, coiffée d'un bonnet; et une tête d'homme en profil, coiffée d'un feutre mou. La tête d'homme en sens inverse. Les bustes sont séparés par une ligne verticale.

P. 81—67. Une ligne horizontale, tracée en bas, forme une marge de 15 millimètres.

I. L'estampe décrite.

II. La planche est coupée suivant la ligne verticale.

16.

BUSTE ET GROUPE.

A gauche, une tête d'homme, de profil à droite, coiffée d'un bonnet; à droite un groupe composé d'un homme, d'une femme et d'un enfant. Deux sujets gravés sur une planche.

P. 68—80.

I. La tête d'homme seule.

II. La tête d'homme avec le groupe.

III. La planche coupée, et à gauche de la tête un profil a été gravé à la pointe sèche.

17.

LA NOURRICE DE FÉLIX.

Tête d'homme et tête de femme; la première des trois-quarts à gauche et coiffée d'un chapeau, la seconde des trois-quarts à droite, porte un bonnet et un collet de fourrure. Au-dessus de la tête de femme, on lit à rebours: *La nourrice de Félix.* Entre les têtes, deux lignes verticales.

P. 25—68.

18.

LES DEUX SOEURS.

Une jeune fille se penche sur une grille de bois pour soulever un enfant qu'on voit sur le dos, tendant les mains et qui se trouve devant la grille.

Dans le coin gauche, en haut: *M. Lambertina Coclers*
ft 1785.

P. 88—55.

19.

LE JEU DE BILLES.

Un homme à genoux apprend à jouer aux billes à deux
enfants qui se trouvent à gauche.

P. 58—64.

20.

LES ENFANTS DANSANT.

Cinq enfants dansent en rond. Sur le premier plan, à
gauche, deux enfants, dont l'un joue de la flûte et l'autre
bat le tambour.

P. 44—51.

21.

LES PETITS MUSICIENS.

Deux enfants, l'un bat le tambour et l'autre joue de
la flûte.

P. 54—51.

22.

L'ESCARPOLETTE.

Une petite fille est assise sur une corde attachée aux
poteaux d'une porte; elle est balancée par un petit garçon coiffé d'un chapeau, qui se trouve derrière elle, à

droite. Sur le premier plan, à gauche, une petite fille, de profil à droite, tient en laisse une poupée.

P. 80—65.

23.

LES ENFANTS ET LE PETIT CHIEN.

A droite, devant la porte d'une maison, se trouve un garçon, de profil à gauche; avec un livre attaché à une courroie, il tourmente un petit chien. A gauche, sont assis deux enfants. Devant la porte inférieure se tient une jeune fille; un enfant, se trouvant derrière la porte, regarde par dessus.

P. 96—94.

I. Au trait, eau-forte pure.

II. Achevé en aqua-tinte.

24.

LES ENFANTS DEVANT LA PORTE.

Cinq enfants se trouvent devant une maison avec une enseigne. A gauche, un garcon de profil, un livre sous le bras; vis-à-vis de lui, deux petites filles. Au fond, à gauche, sont assis deux enfants. Une femme, appuyée sur la porte inférieure, regarde au loin.

En bas, au coin gauche: *L. C.*

P. 81—64.

25.

LES DEUX AMIES.

Une petite fille debout sur un chauffe-pieds est embrassée par une autre qui se trouve à droite et tient un bâton de la main gauche.

P. 50—38.

I. Au trait, eau-forte pure.

II. Achevé en aqua-tinte.

26.

ETUDE DE SEIZE TÊTES.

Seize têtes, parmi lesquelles, à droite, en haut, une tête d'homme, de profil à droite.

P. 164—114.

I. La planche est plus grande, la partie gauche non travaillée n'est pas coupée.

P. 164—155.

II. La partie gauche est coupée.

27.

ETUDE DE DEUX TÊTES.

Douze têtes, parmi lesquelles, en haut, à droite, une tête d'homme, de profil à gauche, avec une pipe à la bouche.

P. 116—83.

28.

ETUDE DE CINQ TÊTES.

Cinq têtes, dont deux sont gravées au sable.

P. 127—130.

29.

ETUDE DE TROIS TÊTES.

Trois têtes. A droite, en haut, une tête de profil à droite, avec le bras droit et la main; à gauche, en haut, la seconde en face, et en bas, la troisième de profil à droite. Le fond est tout-à-fait ombré à l'aquatinte, les têtes sont blanches.

P. 72—50.

30.

ETUDE DE DEUX TÊTES.

Deux têtes d'hommes, l'une à côté de l'autre, tourné es à droite. Le fond est blanc, les têtes sont éclairées par la droite.

P. 30—66.

31.

LES DEUX TÊTES AFFRONTÉES.

Une tête d'homme et une de femme sont tournées des trois-quarts et se font vis-à-vis. L'homme a une pipe à la bouche et la femme porte un bonnet. Les têtes sont séparées par deux lignes verticales.

P. 21—46.

I. L'estampe décrite.

II. La planche est coupée d'après la ligne verticale.

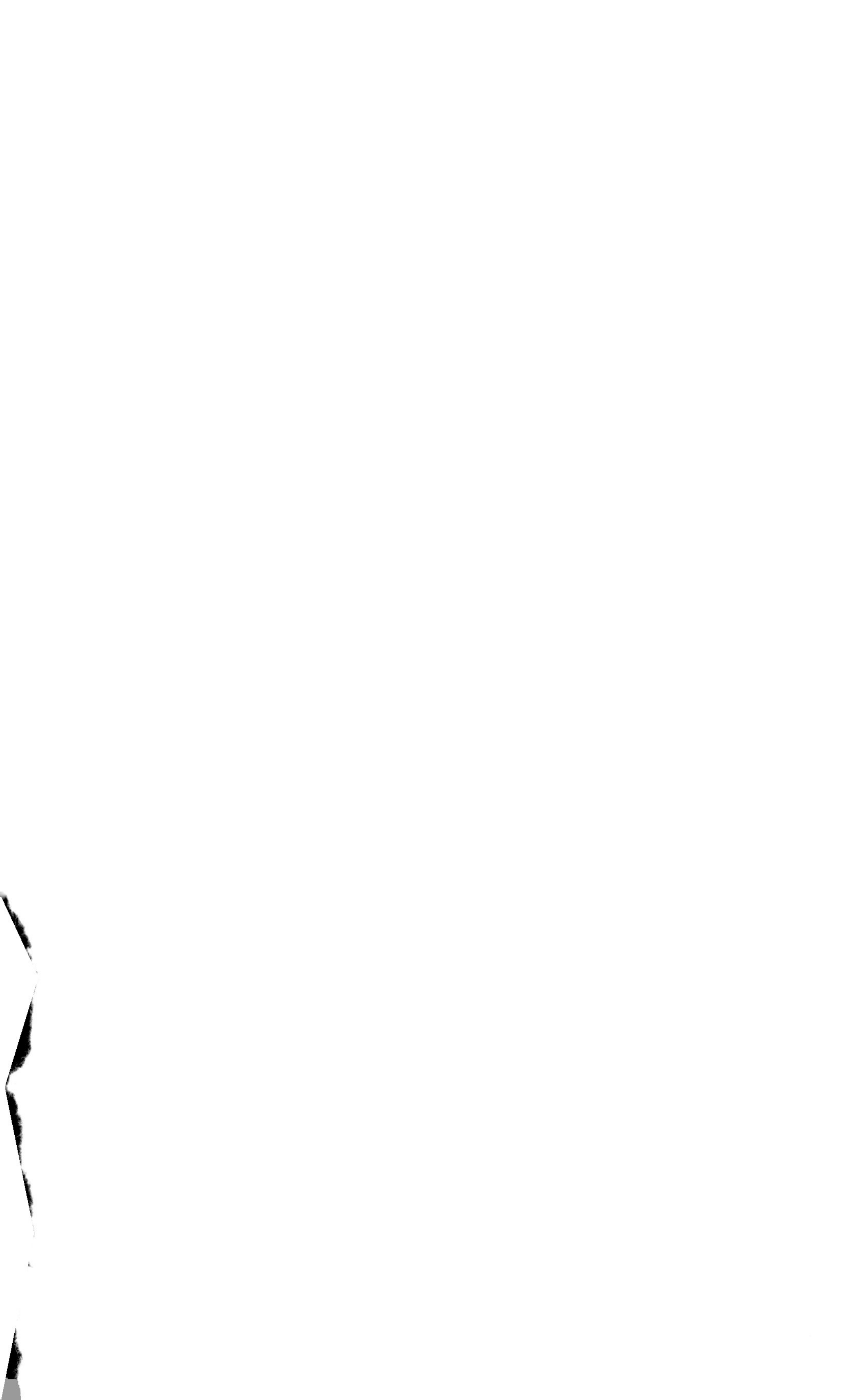

9 782329 731223